Abc

Einladung zum Selberlesen

Liebe Eltern,

Sie haben Ihrem Kind Bücher vorgelesen? Sehr gut. Sie werden dies auch weiterhin tun? Um so besser. Aber wenn Ihr Kind einmal hinter das Geheimnis der Buchstaben gekommen ist, will es auch selber lesen. Es möchte erleben, wie beim Lesen eine spannende, lustige oder traurige Geschichte in ihm entsteht. Das ist gar nicht so einfach. Es dauert lange, bis ein Kind gut und gern liest.

Was es am Anfang braucht?
Ein ganzes Buch, das zum Lesen verlockt.
Ein Buch, das es beim Lesen nicht überfordert.
Ein Buch

* mit kurzen Geschichten
* mit einer genügend großen Schrift
* mit kurzen, überschaubaren Zeilen
* in einer verständlichen Sprache
* mit Bildern, die helfen den Sinn zu erfassen.

Bücher, die diesen Anforderungen gerecht werden, fördern das Abenteuer Lesen und machen Lust aufs nächste Buch.

Prof. Dr. Manfred Wespel,
lesedidaktischer Berater des
KÄNGURU-Programms

Elisabeth Zöller

Kleine Omageschichten

Mit Bildern von Dorothea Tust

arsEdition

Die Deutsche Bibliothek – CIP-Einheitsaufnahme

Kleine Omageschichten / Elisabeth Zöller.
Mit Bildern von Dorothea Tust. - München : Ars-Ed., 1996
(Känguru : Erste Geschichten zum Selberlesen)
ISBN 3-607-3737-4
NE: Zöller, Elisabeth; Tust, Dorothea

Lesedidaktische Beratung: Prof. Dr. Manfred Wespel
Nach den Regeln der neuen Rechtschreibung

Gedruckt auf umweltfreundlichem Papier ohne Chlorbleiche

Ausstattung und Herstellung: arsEdition, München
Titelbild und Innenillustrationen: Dorothea Tust
Titelvignette: Carola Holland
Einbandgestaltung: Ralph Bittner
Printed in Germany · ISBN 3-7607-3737-4

Inhalt

Liebste Mecker-Oma

„Tina, aufräumen“, sagt Oma.
Sie schaut auf
das Durcheinander
in Tinas Zimmer.

Legosteine und Puppen,
Kleider und Bücher,
Autos und Bilder,
ein Malkasten und Murmeln ...

Tina sitzt in der Ecke
und malt.
Tina hört Oma gar nicht zu.
Was Oma immer will!
„Du sollst aufräumen!“,
sagt Oma noch mal.
„Du bist ja
eine richtige Rumpel-Tina!“

Tina hört auf zu malen.
Sie ärgert sich.
Dann sagt sie:
„Und du bist
eine Rumpel-Oma!
Und eine Mecker-Oma!“

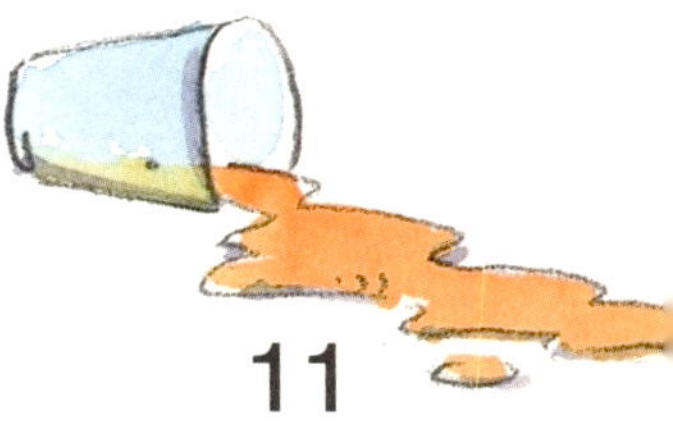

Ob Oma jetzt wütend wird?
Tina hält die Luft an.
Oma hält auch die Luft an.
Tina schaut zu Oma.
Oma schaut zu Tina.

Dann müssen sie
auf einmal beide lachen.

„Plapper-Tina!“, ruft Oma.
„Mecker-Oma“, sagt Tina.
„Hampel-Tina“, sagt Oma.
„Pumpel-Oma!“, ruft Tina.
Sie schauen sich an und lachen.

„Und wer räumt jetzt auf?“,
fragt Oma.
„Die Rumpel-Plapper-Tina“,
sagt Tina.
„Und die Rumpel-Mecker-Oma
hilft ihr“, sagt Oma.

Nachdem sie zusammen
aufgeräumt haben,
sagt Tina:
„Du bist
eine liebe Mecker-Oma.
Sogar die liebste Mecker-Oma
der Welt!“

„Und du bist die liebste
Rumpel-Tina der Welt!“,
sagt Oma.
„Wir passen gut zusammen!“

Ein Kuchen für Oma

Tims Oma hat Geburtstag.
Tim hat für sie
einen ganz besonderen
Kuchen erfunden.

Er hat dafür süße, saure
und scharfe Sachen besorgt.
Tim ist ein toller Erfinder.

Wie er den Kuchen macht?
Tim schichtet
in einer Kuchenform
Kekse, Schokolade
und Smarties übereinander.
Aber nur
in einem kleinen Stück
der Kuchenform.
Das ist die süße Ecke.

Daneben macht er
eine saure Ecke.
Er schichtet Gurken,
Paprika und saure Küsschen
übereinander.

Dann kommt die scharfe Ecke.
Tim schichtet Schwarzbrot mit
Butter und Senf übereinander.

Und dann kommt eine Ecke
mit Überraschungen.
In einen Schwamm
steckt Tim Gutscheine.

Dann geht er zu Oma.
„Den hab ich
für dich gemacht“, sagt Tim.
Oma sieht sich den Kuchen
ganz genau an.
„So einen tollen Kuchen
hat bestimmt
noch niemand bekommen!“,
sagt Oma.

„Extra für dich erfunden!“,
sagt Tim stolz.

Danach essen sie
die süße, die saure
und die scharfe Ecke.
Den Rest heben sie auf.

Mit einem solchen Kuchen
dauert ein Geburtstag
ganz, ganz lange.
Vielleicht wird es sogar
der längste Geburtstag der Welt.

Die kleine Oma

Max macht einen Ausflug
mit der Klasse.
Oma bringt ihn zum Bus.
Max drückt Omas Hand.
Er freut sich.

Max mag seine Lehrerin.
Er mag Paul und Clara.
Das sind seine Freunde.
Und er mag Ausflüge.

Gleich sind sie am Bus.
Max sieht schon
die anderen Kinder.

Da lässt Max Omas Hand los.
„Du kannst jetzt gehen“,
flüstert er.
„Aber warum?“,
fragt Oma.

„Weil du so klein bist.
Und weil du immer
einen Rock anhast.
Claras Oma hat bunte Hosen an.
Und sie hat
einen Pferdeschwanz.
Das ist toll."
Max geht alleine weiter.

Oma schüttelt den Kopf.
Sie ist traurig.
Aber Max rennt schnell
zu den anderen.

Clara läuft Max entgegen.
„Hallo, Max!“, ruft sie.
„Warum geht
deine Oma denn schon?“
Sie rennt hinter Max’ Oma her.

„Hallo, Frau Schulze!“
Max’ Oma bleibt stehen.
Clara nimmt sie an der Hand.
Sie zieht sie mit sich zurück.

„Sie müssen meiner Oma erklären,
wie Ihre Kekse gehen",
sagt sie.
„Deshalb habe ich
auf Sie gewartet!"
Da kommt auch Max wieder.
Ganz langsam.

Er schaut seine Oma an
und nimmt ihre Hand.
„Du kannst eben gut
Kekse backen.
Und Claras Oma
hat dafür bunte Hosen an“,
flüstert Max.
„Und sie hat
einen Pferdeschwanz“,
sagt Oma und zwinkert Max zu.

Oma gesucht

Die eine Oma von Felix
wohnt weit weg.
Und die andere hat nie Zeit.
Klara erzählt Felix,
was für eine tolle Oma
sie hat.
Eine Schmuse-Zuhör-Bagger-Oma.
„Eine Bagger-Oma
ist eine Oma,
die einem Bagger schenkt“,
erklärt Klara.

Felix wünscht sich auch
eine Schmuse-Zuhör-Bagger-Oma.
Deshalb hängt er einen Zettel
ins Altenheim:

In der Nacht hat Felix
einen schrecklichen Traum.
In seinem Traum
klingelt es an der Tür.
Die erste Oma kommt.
Dann klingelt es wieder.
Die zweite Oma kommt.

Es klingelt wieder und wieder.
Und es kommt eine Oma
nach der anderen.
Alle wollen zu Felix.
Felix wird immer kleiner.
Und die Omas werden
immer größer.

Auf einmal berührt ihn
eine Hand.
Mamas Hand.
Sie weckt ihn auf.
„Was ist denn?“, fragt Mama.
„Du bist ja ganz blass.“
Da erzählt Felix ihr
seinen Traum.
Seine Mama lacht.

Am Nachmittag
klingelt das Telefon.
„Hier ist die Bagger-Oma“,
sagt eine lustige Stimme.
„Und hier ist
der Bagger-Felix“,
sagt Felix sofort.

Die neue Bagger-Oma
will Felix morgen besuchen.
„Mit Bagger“, verspricht sie.

Und Felix?
Der malt ein Bild für
die neue Bagger-Oma.
Ob sie auch eine
Zuhör-Oma wird?
Und eine Schmuse-Oma?
Das merkt man erst später.

Oma und der wilde Wolf

Manchmal ruft meine Oma:
„Wo ist denn
meine Schmusekatze?“
Dann verstecke ich mich
ganz schnell.
Ich bin keine Schmusekatze.

Oma sucht mich.
Sie ruft:
„Hat meine süße Maus
sich versteckt?
Mach mal piep, kleine Maus!“

Aber die kleine Maus
macht nicht piep.
Ich bin keine kleine Maus.
Das weiß ich ganz genau.
Darum mach ich
auch nicht piep.

Oma denkt nach.
Ich warte.
Plötzlich fällt Oma etwas ein.
„Ich altes Schaf“, ruft sie.
„Ich alter Esel.
Wie konnte ich das vergessen!
Du bist ja
gar keine kleine Maus!
Du bist ja die Mira!“
Gut, dass sie das noch weiß!

„Komm, wir spielen“, ruft sie.
Ich krabbel
aus meinem Versteck.
Mit Oma kann man gut spielen!

Oma ruft:
„Ich bin der wilde Wolf!“
Sie will mich fangen.
Aber ich bin auch
ein wilder Wolf.
Ich brülle laut
und laufe ihr entgegen.
Ich falle ihr in die Arme.

Wir sind beide wilde Wölfe.
Wir tanzen und toben.
Wir heulen und knurren.
Wir machen einen Wolfstanz.

Dann fängt Oma mit
einer Geschichte an.
Sie sagt einen Satz.
Ich sage den nächsten Satz.
So erfinden wir Geschichten.
Geschichten von wilden Wölfen.
Denn wilde Wölfe
können einfach alles erfinden!

KÄNGURU Lesestufen-Modell

So macht Lesenlernen richtig Spaß – mit Büchern, die auf die unterschiedlichen Lernphasen zugeschnitten sind: 5 Lernschritte, 5 Buch-Reihen. »Kinder werden dann zu begeisterten Lesern, wenn Buch und Leseentwicklung zusammenpassen.«

Prof. Dr. Manfred Wespel, lesedidaktischer Berater des KÄNGURU-Programms

»Mit Comics lesen lernen«

2. Lesestufe ab 6 Jahre

- jeweils eine kurze Geschichte für Leseanfänger
- mit frechen und witzigen Comic-Elementen
- leicht lesbare Fibelschrift

»Mit Bildern lesen lernen«

1. Lesestufe ab 5 Jahre

- kurze lustige Geschichten mit einfachem Text
- Bilder ersetzen Namenwörter
- sehr große Fibelschrift
- fünf doppelseitige Suchbilder

»Kinderroman« und »Krimi-Abenteuer«

5. Lesestufe ab 10 Jahre

- jeweils ein längerer packender Roman für begeisterte »Leseprofis«
- eingestreute Schwarzweiß-Illustrationen

»Leseabenteuer in Farbe«

4. Lesestufe ab 8 Jahre

- jeweils eine längere spannende Geschichte
- viele farbige Illustrationen
- große Schrift

»Erste Geschichten zum Selberlesen«

3. Lesestufe ab 7 Jahre

- mehrere kurze Geschichten zu einem Thema
- klare Textgliederung als Lesehilfe
- große Fibelschrift
- viele farbige Illustrationen